La Fédération Nationale

DE LA

Mutualité Française

DEUX DISCOURS

DE

M. LÉON BOURGEOIS

PRÉSIDENT DE LA CHAMBRE DES DÉPUTÉS

(St-Etienne, 28 septembre 1902)

AVEC UNE INTRODUCTION DE

M. LÉOPOLD MABILLEAU

PARIS

BUREAUX DE LA *MUTUALITÉ NOUVELLE*

Arthur **ROUSSEAU**, Éditeur

14, RUE SOUFFLOT, 14

1903

La Fédération Nationale

DE LA

Mutualité Française

DEUX DISCOURS

DE

M. LÉON BOURGEOIS

PRÉSIDENT DE LA CHAMBRE DES DÉPUTÉS

(St-Etienne, 28 septembre 1902)

AVEC UNE INTRODUCTION DE

M. LÉOPOLD MABILLEAU

PARIS

BUREAUX DE LA *MUTUALITÉ NOUVELLE*

Arthur ROUSSEAU, Éditeur

14, RUE SOUFFLOT, 14

1903

INTRODUCTION

Avant le 1er avril 1898, la législation ne reconnaissait pas aux sociétés de secours mutuels le droit de s'unir. Cependant, quelques centres mutualistes, de vie plus active et d'éducation plus développée, avaient devancé les règlements, obéissant à la loi naturelle des groupements sociaux. Le *Grand Conseil des Bouches-du-Rhône*, le *Comité des Présidents de Lyon*, le *Syndicat girondin* montrèrent les avantages de l'association au second degré, en créant des services que les sociétés isolées étaient incapables d'assurer par leurs seules forces.

La liberté d'union fut une de celles dont les sociétés mutuelles et les chefs de la prévoyance poursuivirent le plus ardemment la conquête devant les Chambres. M. Maze, et après lui M. Lourties, M. Émile Cheysson, se firent les défenseurs de l'idée fédérative dont leur clairvoyance annonçait les bienfaits futurs. En la consacrant, la loi du 1er avril 1898 ouvrit à l'activité de la mutualité française un avenir indéfini.

Grâce à la concentration de forces et de moyens que l'union rendait possible, les mutualistes pouvaient désormais tenter la solution des grands problèmes sociaux, au premier rang desquels se place l'assurance contre la vieillesse. Et par *union*, il fallait entendre l'association des sociétés entre elles à des degrés progressifs, plus étendue et plus forte à mesure que s'élevaient et se compliquaient les fonctions auxquelles la mutualité prétendait suffire. Une hiérarchie des organes devait s'établir par des groupements de plus en plus larges, de plus en plus spécialisés.

A la base, la *Société* qui, sauf quand elle prend le caractère fédéral, a un domaine ordinairement trop restreint pour dépasser la sphère des services élémentaires.

Ensuite le *Syndicat* des Sociétés d'une même ville, qui permet de perfectionner le service de maladie (dispensaires, pharmacies, etc.), d'aborder lo placement, les œuvres d'éducation, etc.

Puis l'*Union départementale* qui joue dans le département le même rôle que le « Syndicat urbain » joue dans la ville et fait franchir un degré de plus aux œuvres de mutualité (hôpitaux, hospices, réassurance, etc.) ».

Au-dessus encore, la *Fédération régionale*, rouage essentiel, car la région est la véritable circonscription mutualiste, à cause de la parité de climat, de conditions de vie, de ressources qu'elle entraîne (sanatoria, caisses autonomes, etc.).

Enfin la *Fédération nationale*, conséquence nécessaire du mouvement d'association progressive, terme de l'évolution solidariste, symbole de l'unité de la patrie avec les fonctions supérieures qu'elle permet d'aborder : mutation et subsistance, lutte générale contre la tuberculose et participation aux grands services d'hygiène nationale, assurance sur la vie et le décès, etc.

Ces diverses phases d'un développement qui devait aboutir à la complète organisation de la masse prévoyante, naguère encore amorphe et diffuse, ont été aperçues avec netteté lorsque la pratique de la loi nouvelle eut fait sentir à quel point la faculté de s'unir et de se fédérer, concédée aux mutualistes, répondait à leurs besoins réels, à leur ambition croissante de contribuer au progrès social. Dès 1899, sous l'inspiration d'un mutualiste compétent et dévoué, M. Coumes, l'idée d'une Fédération nationale centralisant les efforts de toutes les sociétés, donnait lieu à la formation d'un groupe qui votait des statuts et traçait le plan d'une organisation d'ensemble malheureusement restée à l'état de projet. Mais cette initiative ne demeurait point vaine, car la question était désormais au programme de toutes les consultations mutualistes. Dans une série de réunions et de banquets où il apportait aux mutualistes l'appoint de son éloquence et de sa haute autorité, M. Paul Deschanel adhérait avec éclat à une transformation qu'il jugeait nécessaire pour le triomphe de la prévoyance libre. En 1901, le Congrès de Limoges entrait résolument dans cette voie, adoptait le principe d'une hiérarchie de groupements enveloppant progressivement tous les services de prévoyance, et fixait au Congrès suivant, c'est-à-dire en 1904, le dernier terme de l'évolution ainsi tracée par l'institution d'une Fédération nationale.

Mais diverses circonstances vinrent précipiter l'événement. En cette même année 1901, le bureau du Congrès des retraites, ayant insisté devant la Commission de prévoyance sociale de la Chambre pour obtenir que la mutualité fût chargée, de préférence, du service des retraites ouvrières, reçut la réponse suivante du Président : « Vous auriez raison si la *mutualité* était une institution homogène et organisée. Mais vous savez ce qui en est : les sociétés de secours mutuels ne sont unifiées que par la loi, c'est-à-dire par des dispositions qui les réglementent extérieurement : elles ne constituent pas un corps compact, un ensemble harmonique. En outre, vous prétendez que ces sociétés peuvent être l'organe préférable de la solidarité sociale et en particulier d'une loi de retraites pour la vieillesse : prenez garde que les fonctions accomplies par la majorité des sociétés sont extrêmement restreintes. Plus de la moitié d'entre elles ne pourvoient pas à la retraite : aucune ne pratique sérieusement l'assurance sur la vie : la plupart pratiquent le secours de maladie de la façon la plus rudimentaire. Or les problèmes sociaux se compliquent chaque jour. Il faut que la mutualité se réforme et se transforme pour se mettre à la hauteur de ses ambitions. »

Cette critique, inspirée à l'honorable M. Louis Ricard, un des bienfaiteurs de notre œuvre, par une sympathie que nous ne pouvions méconnaître, fut accueillie comme un conseil.

Quelques mois plus tard, un nouvel avertissement nous était donné de haut. Au cours d'un banquet où il était amené à donner son opinion sur la question des retraites ouvrières, M. Léon Bourgeois adjura la mutualité de hâter son organisation, si elle voulait assurer dans une mesure suffisante le service que le Parlement était résolu à réaliser. De toutes parts, l'opinion publique montrait sa préférence pour un essai de prévoyance libre, avant le recours à une institution d'Etat. Il n'y avait plus un instant à perdre pour tenter l'expérience.

Un comité d'initiative fut formé afin de dresser un projet de Fédération nationale et de le proposer à l'examen des mutualistes. Ce projet s'inspirait de la méthode observée dans le développement des autres associations de travailleurs en France et à l'étranger, tels que les syndicats et les coopératives. Il évitait l'erreur commise en 1899 par les hommes de bonne volonté, que nous avons mentionnés plus haut, et tendait à faire de la Fédération le point d'aboutissement et non le point de départ des groupements locaux et régionaux.

Dans la pensée du Comité, la Fédération nationale était destinée non seulement à coordonner les forces mutualistes, mais encore à favoriser la création des Unions dans les départements où elles n'existaient pas et la formation des Fédérations régionales.

Ce fut à Marseille, au mois de juin 1902, que, sur l'initiative du *Grand Conseil des Bouches-du-Rhône*, la question fut spécialement posée pour la première fois. La sympathie de l'auditoire fut évidente, mais des doutes subsistaient dans plusieurs bons esprits, et nous laissâmes s'écouler plusieurs mois pendant lesquels le projet fut longuement étudié et discuté dans la presse et dans les assemblées mutualistes.

Au mois de septembre, l'idée paraissait mûre : L'*Union de la Loire et de la Haute-Loire* profita de l'occasion qui appelait les Unions du Centre à constituer la *Fédération régionale du 8° collège* pour convoquer l'ensemble des Unions de France à une assemblée préparatoire de la Fédération nationale. C'est au cours de ces fêtes, dont le retentissement fut grand, que M. Léon Bourgeois, Président de la Chambre des députés, a prononcé les discours qu'on va lire.

Le reste n'est qu'un épilogue : conformément aux résolutions prises à Saint-Etienne, l'assemblée constitutive de la Fédération nationale se réunit à Paris le 10 novembre ; là, les représentants de 52 Unions et Fédérations, de 17 Caisses de réassurance et de retraite et de 8 Unions médicales et pharmaceutiques votèrent les statuts de l'institution nouvelle, s'ajournant au Congrès de Nantes (1904) pour y apporter les corrections et améliorations dont l'expérience aurait montré l'utilité.

Il reste à préciser le véritable caractère de la Fédération et à dire quelles espérances les mutualistes ont placées en elle.

Et d'abord, il est à peine utile de reproduire ici la distinction essentielle qui sépare la Fédération nationale du Conseil supérieur ou des Conseils libres de la mutualité.

La Fédération ne sera pas un pouvoir délibérant, elle ne se substituera pas aux Congrès qui sont les grandes assises de la mutualité. Elle n'aura pas non plus un rôle représentatif : ses rapports avec le Conseil supérieur de la mutualité doivent être bien expliqués : de même qu'à côté des syndicats ouvriers et des Bourses du travail, il existe un Conseil supérieur du travail, de même le Conseil supérieur de la mutualité doit exister à côté et au-dessus de la Fédération. Nous nous tournerons vers nos représentants légaux quand nous aurons à invoquer leur concours ; mais un sentiment démocratique, parfaitement respectable, nous permet d'exister en dehors d'eux, sans qu'ils perdent pour cela rien de notre confiance.

Le rôle de la Fédération nationale ne se confond pas davantage avec celui de la *Ligue natio-*

nale de la Prévoyance et de la Mutualité, ou de *l'Union nationale des Présidents de sociétés*, qui sont des comités d'étude réunissant des personnes et non des sociétés, organisant des consultations et non des œuvres.

La Fédération nationale est une association réelle de collectivités. Elle unit des groupes de sociétés pour l'établissement des services où le grand nombre des adhérents est une condition nécessaire. Et ces services, elle aide les associations départementales ou régionales à les réaliser, ou elle y pourvoit elle-même quand les groupements secondaires n'y suffisent pas. Mais, en aucune manière, elle n'enlève aux Unions ou aux Fédérations régionales qu'elle unit une part quelconque de leur liberté ; à tous les degrés de l'échelle, l'indépendance des éléments qui composent le système de l'organisation générale demeure entière. Aucune association d'aucun degré ne compromet son autonomie en entrant dans un groupe de degré supérieur : *car elle n'y entre que pour des fonctions qu'elle n'eût pas remplies elle-même*, et par conséquent, en le faisant, elle ne renonce à rien. Tous les services qui lui étaient propres et auxquels elle suffisait lui restent ; elle ne se fédère avec les sociétés voisines que pour ceux auxquels elle se sent, soit d'avance, soit après expérience, incapable de pourvoir. Ce n'est donc pas une diminution, qui en résulte pour elle, c'est une augmentation ; *c'est un nouveau degré de vie qu'elle s'ajoute*, en participant à un organisme supérieur, sans rien perdre de ce qui constituait son existence propre.

Un champ sans limites s'offre à l'activité de la Fédération nationale. Quelques exemples serviront à montrer la grandeur de sa tâche. Elle permettra d'aborder successivement les fonctions supérieures de cet organisme enfin unifié : d'abord la mutation et la mise en subsistance sans lesquelles il n'y a point d'institution véritable ; puis la réforme des services médicaux et pharmaceutiques, l'inauguration du système de la prévention substitué au système des secours, la lutte contre la tuberculose et le concours régulier à toutes les œuvres d'hygiène sociale, qui existent en notre pays....

Enfin, grâce à l'institution de caisses régionales et peut-être d'une caisse nationale, on pourra entreprendre le service des retraites dans des conditions jusqu'à présent inconnues.

Mais nous ne voulons pas prévoir l'avenir. Il nous suffira pour aujourd'hui d'avoir fait notre devoir et de nous sentir prêts à tous les dévouements pour la cause qui nous est chère.

Léopold MABILLEAU,

DISCOURS DE M. LÉON BOURGEOIS

PRONONCÉ AU THÉATRE DE SAINT-ÉTIENNE, LE 28 SEPTEMBRE 1902.

Mesdames, Messieurs,

Je croyais, comme notre ami Mabilleau, venir aujourd'hui pour aider nos amis, les mutualistes de Saint-Etienne, de la Loire, de la Haute-Loire et de la région du Centre, à faire une œuvre dont la réalisation leur paraissait encore difficile, cette œuvre de la Fédération nationale, dont Mabilleau, avec une merveilleuse éloquence, nous a montré les promesses admirables d'avenir. Mais j'ai eu la bonne fortune, en arrivant ici à midi, d'apprendre que l'œuvre était faite. Ne pouvant pas en être le père, je me contenterai modestement d'en être le parrain. (*Rires et applaudissements.*)

Aussi, est-ce de bien grand cœur que je souhaite, en votre nom à tous et, je puis le dire, au nom de tous les bons citoyens qui apprendront demain cette nouvelle, la bienvenue au nouveau-né. (*Nouveaux applaudissements.*)

Il est bien jeune, bien faible ; à peine discernez-vous ses traits. Néanmoins, il est vivant, très vi-

vant, et dans son sang court cette chaleur géné-
reuse qui est dans votre cœur à tous et que vous
lui avez communiquée avec une si libérale abon-
dance. (*Applaudissements répétés.*)

Oui, c'est une date, une très grande date, non
pas seulement dans l'histoire de la Mutualité,
mais peut-être dans celle de la France, que le
jour de naissance de la Fédération des Sociétés
de secours mutuels de France, ou pour mieux
dire, de la *Mutualité française*.

Jusqu'ici, comme on vous l'a dit, il y avait des
Sociétés de secours mutuels en grand nombre,
isolées, cherchant à se rejoindre, à se soutenir,
mais ne formant pas un organisme commun,
n'ayant pas une vie commune, ne sentant pas cette
circulation d'un même sang qui, se communiquant
à elles toutes, les vivifie toutes à la fois.

Aujourd'hui, la Mutualité française est née, elle
vit ; il y a en France quelque chose de plus (*Applaudissements*) ; et ce quelque chose est grand,
car, certainement, c'est l'instrument à l'aide du-
quel sera réalisée la véritable réforme sociale.
(*Applaudissements prolongés.*)

Je ne reviendrai pas, après notre ami Mabilleau,
sur la définition qu'il a donnée du caractère de
l'organisme vivant, lorsqu'il a expliqué que toute
chose vivante est formée d'activités libres et coordonnées vers un but commun. Il a montré que

dorénavant, les Sociétés de secours mutuels, tout
en restant libres et autonomes, seront coordonnées
vers ce but : la mutualité générale, la solidarité
générale, comme toutes les cellules de notre corps,
sont coordonnées, malgré la liberté de leur développement propre, vers ce but qui leur est commun : notre existence, notre pensée, notre volonté.
(*Très bien ! très bien ! et applaudissements.*)

Il vous a montré les services qu'allaient rendre,
dorénavant unies et confondues dans une même
action, les sociétés de secours mutuels, jusqu'ici
réduites à une œuvre modeste, admirable sans
doute, mais limitée par l'insuffisance de leurs
moyens.

Ces services nouveaux, c'est, par exemple,
l'amélioration des secours de maladie, ce sont les
soins médicaux et pharmaceutiques donnés dans
des conditions à la fois plus économiques et plus
conformes au progrès de la science ; c'est l'organisation de ces dispensaires nécessaires pour les
opérations chirurgicales, les analyses chimiques
et micrographiques, les appareils de pansement
et de fracture, que sais-je ? Toutes ces choses si
difficiles à se procurer pour une société isolée, et
faible par conséquent, seront dorénavant par la
puissance commune mises à la disposition de
tous. Les problèmes de la prévoyance générale
contre l'ensemble des risques de la nature ou de

la société sont enfin attaqués de front par la Mutualité.

Elle pourra également aborder dans son ensemble le problème de la retraite, non plus seulement sous la forme étroite et particulière d'une rente viagère déterminée, donnée à un certain âge, mais sous celle aussi d'une assurance sur la vie permettant de verser, à un moment donné, le capital assuré au survivant, ou s'il prédécède, à la famille qu'il laisse après lui. (*Vifs applaudissements.*)

C'est cet ensemble d'œuvres dont je ne referai pas le tableau puisqu'il a été fait d'une façon si brillante et si exacte, c'est cet ensemble que vous ne pouviez pas jusqu'ici aborder dans votre isolement et que vous allez pouvoir, par le fait même de votre groupement, concevoir dans leur ensemble et tenter de réaliser avec toutes les chances de succès. (*Nouveaux applaudissements.*)

J'en viens, mon cher ami, à votre belle conclusion. Je n'essaierai pas, après vous, de dresser devant ceux qui nous écoutent et qui vous ont applaudi, cet arbre tout puissant, dont vous avez montré les racines allant chercher partout la nourriture commune, et les branches répandant sur tous les bienfaits de leurs fleurs et de leurs fruits.

Mais je dirai, en laissant de côté toute image, que ce qui va résulter de cette Fédération des

Sociétés de secours mutuels, c'est tout simplement ce que l'on peut appeler la vie supérieure de l'humanité. (*Longs applaudissements.*)

Il y a une vie supérieure de l'humanité où nous ne sommes pas encore parvenus ; nous luttons depuis des siècles et des siècles pour y arriver. Lentement, péniblement, dans l'obscurité, car toujours la lumière qui est là-bas semble fuir devant nous, quand nous croyons la saisir, l'humanité monte un long calvaire vers la paix, la paix dans la conscience satisfaite et dans la justice réalisée. (*Bravos et applaudissements répétés.*)

Et l'humanité est passée ainsi du régime de l'autorité traditionnelle, injuste et violente, exploitant au profit de quelques privilégiés la force commune, au régime de l'individualisme, c'est-à-dire à un état où l'individu, dégagé des entraves qui pesaient sur lui depuis l'origine, pût prétendre à la plénitude de son développement personnel et s'assurer les bienfaits d'une vie normale par l'effort libre de son activité, de sa pensée, de son travail. (*Nouveaux applaudissements.*)

C'est ce passage de l'ancien état de société autoritaire et violente à celui de la société individuelle et libre qu'il y a un siècle nos ancêtres ont su franchir. En face de la vieille société tyrannique, 1789 a créé le droit de l'individu. (*Vifs applaudissements.*)

Mais tout le problème n'était pas résolu.

Si l'individu devait à son tour rester isolé et faible en face non plus d'une société tyrannique, mais de la nature qui fait peser sur nous, à chaque instant de notre existence, les mille dangers, les mille risques dont ses lois impitoyables et aveugles frappent notre santé et notre vie, à quoi donc servirait la liberté de l'individu ? Le lendemain du jour où il avait conquis cette liberté précieuse, allait-il succomber sur le chemin, brisé par quelque force aveugle, emporté par quelque cataclysme contre lequel sa faiblesse et son isolement l'empêchaient de se défendre ?

Et, si en outre certains abusaient de cette liberté, si plus forts ou plus heureux ils se servaient de leur libre force pour opprimer la faible liberté de leurs semblables, la servitude ancienne n'allait-elle pas faire place à une servitude nouvelle, et la liberté du plus grand nombre n'être plus qu'un mot décevant ?

Il fallait donc que pour garantir réellement le droit de tous à la liberté, il se créât une société nouvelle, non pas injuste, celle-là, comme la première, mais fondée sur le respect mutuel du droit et du devoir de chacun. C'est la tâche que le dix-neuvième siècle a rencontrée à son tour, et que vous, mutualistes, vous vous proposez d'accomplir définitivement.

L'individu avait conquis ses droits depuis 1789 ; il fallait maintenant qu'il apprît ses devoirs ; il fallait qu'il apprît la définition, le sens moral et social de ce mot : l'individu. (*Applaudissements.*)

L'individu absolu, mais il n'existe pas ! C'est une abstraction. Aucun de nous ne vit, ne se développe qu'en empruntant, inconsciemment, au milieu dans lequel il se trouve, tous les éléments de sa vie ; l'homme réel est un produit : sa vie matérielle et sa vie morale sont des résultats sociaux, sa raison même est un fait social.

Est-ce qu'un homme isolé, qui n'aurait pas de semblables, qui n'aurait pas vécu dans une société où d'autres pensées obscures d'abord, plus précises ensuite, se sont développées pendant des siècles, pourrait arriver à ce que nous appelons, dans notre orgueil d'hommes civilisés, la raison humaine ?

Est-ce que chacun de nous ne doit pas sentir — et c'est pour lui à la fois une cause de modestie et d'orgueil — qu'il est le dépositaire de la pensée commune de tous ceux qui, avant lui, ont pensé, ont vécu, ont souffert et ont aimé ? (*Applaudissements répétés.*)

Notre vie matérielle et morale n'est-elle pas faite incessamment du concours, de l'échange de toutes les actions et de tous les produits des actions que nous ont légués tous ceux qui ont vécu avant nous et qui vivent autour de nous ? En d'autres termes, pouvons-nous vivre, nous développer, sans emprunter incessamment aux autres quelque chose de ce dont nous avons besoin pour vivre ? Et, du moment que notre développement n'est possible qu'à la condition de cet échange de services avec nos semblables, n'avons-nous pas le devoir de rendre à notre tour à nos semblables ce que nous avons reçu d'eux et d'établir la justice dans cet échange incessant de services, sans lequel nous n'existerions même pas ? (*Applaudissements et bravos répétés.*)

Ainsi, l'individu n'est véritablement digne du nom d'homme, que s'il a pris conscience de ce qu'il doit incessamment aux autres hommes au milieu desquels il vit et à ceux qui, dans le passé, lui ont rendu possible l'existence.

Et la société, c'est-à-dire l'ensemble des hommes qui vivent en commun dans un même temps et dans les mêmes frontières, doit être organisée de telle manière que la justice existe dans l'échange incessant des services qui seul assure l'existence de tous ses membres.

La justice est en effet l'objet de la société. Elle est le besoin essentiel de tout être doué de conscience ; elle est le but dernier où il tend.

On a dit : « On ne souffre que du bonheur des autres : le malheur des pauvres est là. » Il faut protester contre cette parole. Non, le besoin de justice ne peut pas être confondu avec l'envie. Quand un tiers, désintéressé, juge un acte injuste, est-ce l'envie qui lui dicte ce jugement ?

La société doit la justice à ses membres. Elle ne peut pas leur assurer le bonheur.

Malheureusement, tous ceux qui ont passé par quelque souffrance morale le savent bien, le bonheur ne dépend jamais d'autrui.

Il ne dépend pas de la bienveillance ou de la bonté d'autrui de nous assurer le bonheur, car les lois naturelles et les faits sociaux viennent sans cesse se mettre à la traverse des volontés les meilleures.

Le bonheur est chose intérieure ; il est en nous-mêmes, et notre conscience, notre raison, notre cœur seuls, peuvent nous permettre de le réaliser en nous. (*Très bien ! très bien !*)

Ce n'est donc pas le bonheur qui est, qui peut être le but de la Société.

Ce n'est pas non plus l'égalité des conditions, car, quelques efforts qu'on puisse faire pour rendre momentanément égales les conditions des hommes, la nature est encore là, qui viendra demain, tout à l'heure même, renverser les plateaux de la balance et rétablir l'inégalité naturelle, contre laquelle nous luttons en vain.

Mais si nous ne pouvons pas donner le bonheur

à l'homme, si nous ne pouvons pas assurer l'égalité des conditions, il est une chose que nous pouvons faire, — et du moment que nous le pouvons, nous sommes obligés de la faire —, c'est la justice que nous devons à tous nos semblables. (*Applaudissements unanimes et prolongés.*) Et cette justice, nous ne la rendrons qu'en la réalisant tout entière dans l'échange de tous les services sociaux, qu'en rendant chaque jour à tous l'équivalence de ce que nous recevons chaque jour de tous. Ce ne sera que payer notre dette, et nous n'aurons le droit de nous croire généreux que si nous restituons aux autres plus qu'il ne nous ont donné. (*Applaudissements et bravos.*)

Cette justice dans l'échange des services sociaux, j'en aperçois clairement les deux conditions : la société doit ouvrir à tous ses membres les biens sociaux qui sont communicables à tous ; elle doit les garantir tous contre les risques qui sont évitables par l'effort de tous. Là est la société véritable ou, comme on a dit exactement, la *socialité*. Hors de ces conditions, il n'y a qu'injustice, il n'y a pas vraiment société humaine.

Il n'y a pas de justice dans l'échange des services sociaux si, d'une part, la société n'ouvre pas à tous, librement, le trésor de ce que j'ai appelé les biens communicables à tous, ce trésor des choses de la pensée et des connaissances scientifiques, ce trésor des vérités acquises par l'humanité, qui est commun à tous, que personne n'a le droit de garder pour soi-même. Il faut donc que l'enseignement soit gratuitement donné à tout homme jusqu'au point où son esprit lui permet de s'élever.

Mais il ne suffit pas d'armer les hommes aussi complètement que leur puissance physique et intellectuelle leur permet de s'armer : il faut encore les protéger contre tous les risques généraux dont aucun n'est responsable et dont aucun, à lui seul, ne pourrait se préserver. Il n'est pas possible qu'un être humain meure de froid ou de faim dans un État qui se dit civilisé. Il y a un minimum d'existence que l'effort de tous doit assurer à tous. Et quant à ces risques de maladie, de souffrance, de mort, qui naissent du fait même de la société, de l'agglomération des hommes, des conditions modernes du travail, des crises économiques, est-il juste que la société laisse contre eux sans défense ceux que leur faiblesse, leur pauvreté y expose le plus ? Ce n'est pas un devoir de charité, c'est un devoir de stricte justice que de garantir les moins favorisés du sort contre les risques de la nature et de la société. (*Très bien ! très bien !*)

Mais nous savons tous qu'il n'existe qu'un moyen de rendre cette garantie pratiquement réalisable. Ce moyen c'est, suivant les termes du Congrès de

1900, « la prévoyance par l'association ». Pour prévoir et pour garantir, la mutualité est nécessaire et c'est bien en effet cet ensemble des risques naturels et sociaux contre lesquels les mutualistes, se solidarisant en Fédération, se proposent de garantir tous les membres de la mutualité française et, par là même, tous les Français ; ces risques, Mabilleau les a énumérés tout à l'heure. On les examinera les uns après les autres, on en évaluera l'importance, on verra quelle prime il faut payer à l'avance pour que, le jour où un mal sera survenu, on le répare dans la mesure où il sera réparable, on l'empêche surtout de s'aggraver. On fera pour chacun de ces risques ce que vous faites depuis longtemps pour les risques de maladie, ce que font les sociétés d'assurances pour les risques d'incendie ou pour les risques de grêle.

On passera ainsi en revue tous les risques que la nature ou le fait social fait peser sur nous, et le bilan, l'inventaire de tous ces risques sera le bilan des sacrifices qu'il faut faire en commun pour défendre, pour protéger celui d'entre nous sur lequel, à un moment donné, l'un de ces risques viendra à tomber. (*Applaudissements.*)

Il n'y aura pas de justice véritable dans la société, il n'y aura pas de paix, pas de conscience satisfaite, tant que l'ensemble de cette organisation de prévoyance générale contre tous les risques généraux n'existera pas d'une manière définitive.

Il est une question qui peut préoccuper les esprits : cette charge que nous acceptons, que nous devons accepter, je veux dire la charge de garantir nos semblables contre un risque qui peut demain nous frapper nous-mêmes — ce qui fait que c'est une opération de bonne administration personnelle, en même temps qu'une opération de solidarité fraternelle — cette charge, dis-je, diminuera-t-elle en quoi que ce soit notre liberté ?

Car c'est là une objection que j'ai entendu bien souvent formuler.

Cette solidarité sociale ne va-t-elle pas être pour les individus comme une diminution de leur activité, de leur liberté ? Ne sera-ce pas un poids lourd, que vous allez mettre sur le coureur, et qui l'empêchera d'arriver au but où il doit tendre ?

Eh bien, je dis que la soumission au devoir social n'entraîne pas une diminution de notre liberté, car on n'est pas libre tant qu'on n'a pas payé ce qu'on doit. Payons d'abord notre dette sociale ! Assurons-nous d'abord en commun contre les risques communs ! et alors nous aurons le droit d'user de notre liberté ; jusque-là, nous n'usons pas d'un bien qui soit à nous : nous détournons le bien d'autrui. (*Applaudissements et bravos répétés.*)

Disons-nous bien que le paiement de notre dette sociale, c'est-à-dire la contribution volontaire que nous devons donner à la prévoyance commune contre les risques sociaux, c'est le rachat même de notre liberté. C'est lorsque nous aurons payé cette dette que, le front haut, librement, nous pourrons aller droit devant nous et marcher à la conquête du monde, car nous n'aurons rien pris à personne qu'à la nature même et qu'aux forces naturelles que nous aurons asservies. (*Vifs applaudissements.*)

Il y a deux ans, j'avais l'honneur de présider, à l'Exposition universelle, le Congrès de l'Education sociale. Après plusieurs jours de délibérations auxquelles prirent part plusieurs de ceux qui sont ici, nous avons adopté des décisions dont je vous demande la permission de lire un passage, car il résume très clairement les idées que j'expose en ce moment devant vous.

« La justice ne sera pas réalisée dans la société tant que chacun des hommes ne reconnaîtra pas la dette qui, du fait de la solidarité, pèse sur tous à des degrés divers. Cette dette est la charge préalable de la liberté. C'est à la libération de cette dette que commence notre liberté personnelle. L'échange des services qui forme le nœud de toute société ne peut être équitable, si cette dette n'est pas acquittée par chacun des contractants. . . . »

Messieurs, je ne crois pas me tromper en affirmant que cette formule sera demain celle de la Fédération que vous avez fondée aujourd'hui.

En créant ce grand édifice sur les bases que vous avez posées aujourd'hui, vous élevez la maison commune de demain, la véritable maison sociale où se vivra la vie mutuelle, c'est-à-dire la vie supérieure de l'humanité. (*Applaudissements et bravos.*)

Cette vie mutuelle est supérieure à l'autre, à la vie de lutte et de concurrence. La vie mutuelle est conforme à la nature ; elle n'absorbe pas l'individu, elle le sauve et elle le développe, en développant en même temps le groupe tout entier ; à la lutte qui épuise, elle substitue l'union qui multiplie. La lutte pour la vie est nécessaire au progrès, dit-on. Sans doute, il faut que l'activité soit libre, que la concurrence puisse se produire entre des volontés libres. Mais la loi naturelle de l'évolution nous montre, au-dessus de cette loi de la concurrence, la loi de coordination des efforts : un groupement vivant ne peut persévérer dans la vie si chacune des parties qui le composent oublie qu'elle est subordonnée à l'ensemble, tend à se développer démesurément et rompt ainsi l'équilibre des forces communes qui assurerait la vie permanente du tout. (*Très bien ! très bien !*)

C'est cette subordination de l'idée de lutte et de

concurrence à l'idée supérieure de solidarité qui est précisément la raison d'être de la mutualité, qui exprime — passez-moi ce mot un peu ambitieux — la philosophie de votre action.(*Nouvelles marques d'assentiment.*)

Cette vie mutuelle est, dis-je, supérieure à toutes les autres et conforme aux lois de la nature, puisque, dans la nature, ce que l'on constate partout, c'est la subordination des parties au tout et c'est l'échange de services entre toutes les parties.

Elle est supérieure au point de vue économique, car, vous le savez tous, plus vous vous réunissez nombreux pour parer à un risque, plus faible est la prime que vous payez. C'est la loi des grands nombres que vous appliquez tous les jours.

Plus les fédérés seront nombreux dans la Fédération, plus léger sera pour chacun de vous le fardeau que vous assumez dans vos associations pour l'œuvre sociale.

Mais surtout, la vie mutuelle est supérieure à l'autre au point de vue moral.

Elle ne veut ni la résignation chez les uns, ni la pitié pour les autres.

La résignation, c'est le manque d'énergie. Nous ne voulons pas que l'homme soit résigné : nous voulons que, lorsqu'il est frappé par le sort, il lutte, se redresse, combatte pour se relever, mais nous voulons en même temps qu'il y soit aidé par les autres. (*Applaudissements.*)

Et ne voulons pas non plus de la pitié, qui n'est parfois qu'une forme détournée de l'orgueil.

Trop souvent, celui dans l'esprit de qui naît la pitié se considère comme supérieur à celui qu'il voit tomber à ses côtés ; il oublie que celui-là est son semblable, son égal, que ce n'est pas de la compassion seulement qu'il faudrait avoir envers lui, c'est du remords ; que quelque chose aurait dû précéder le mal dont celui-ci a souffert, à savoir : l'aide et l'appui, grâce auxquels la pitié n'aurait pas eu besoin de naître dans son esprit (*Bravos prolongés*).

On nous opposera les admirables efforts de la charité. Nous sommes loin de les méconnaître, mais la charité n'est que la pitié agissante, et si, moralement elle est digne de tous les respects, elle est en fait trop souvent inefficace et impuissante. Elle n'intervient que pour réparer le mal quand il est fait et vous savez bien que s'il faut donner 1000 pour réparer le mal, il aurait suffi peut être, quelques jours plus tôt, de donner 10 pour le prévenir. (*Vive adhésion.*)

Et que de fois, d'ailleurs, le mal est irréparable ! Que de fois il est trop tard, lorsqu'on se penche enfin vers celui que rien ne peut plus sauver !

Enfin, messieurs, ne l'oublions pas, l'effort mutuel de prévoyance sociale est nécessaire au point de vue national, au point de vue de l'avenir de la race et de la grandeur de la patrie. Quelle œuvre plus impérieuse que celle que nous conseillait avec tant de force tout à l'heure notre ami, M. Barberet, cette œuvre des mutualités maternelles, qui seule pourra enrayer la mortalité infantile, arrêter la diminution de la population française. Là encore, réparer le mal serait impossible, il est indispensable de le prévenir.

Lorsque, sur cette admirable terre de France, des vides se seront faits, ne voyez-vous pas que l'on cherchera à les combler à notre détriment ; ne voyez-vous pas que de toutes parts viendra s'offrir la main-d'œuvre étrangère pour des travaux jusqu'ici réservés à la nôtre, que des étrangers accourront qui, après avoir profité des richesses de notre sol, de la fécondité de notre pays, emporteront au delà de nos frontières le profit qu'ils auront fait parmi nous ? (*Vifs applaudissements.*)

Messieurs, à tous les points de vue donc, l'œuvre de solidarité est supérieure à l'œuvre de lutte et de concurrence ; de quelque côté qu'on regarde, au point de vue financier, au point de vue économique, au point de vue moral surtout, il est incontestable que ceux-là seulement vivent de la vie supérieure qui vivent de la vie mutuelle. Il y a deux conditions de la vie supérieure : la prévoyance, acte de raison ; l'association mutuelle, acte de conscience.

L'homme qui vit cette vie, c'est celui que nous appelons vraiment l'homme social ; celui-là a le sentiment qu'il est non pas un isolé, ayant le droit de s'appliquer à lui-même tous les produits de son activité, mais l'associé solidaire des autres hommes ; qu'à chaque instant de sa vie, dans l'échange des services qu'il rend et qu'il reçoit, il doit avoir dans l'esprit cette double pensée, que celui avec lequel il contracte est son semblable, son égal en valeur humaine, que par conséquent il doit, dans l'échange, se présenter non comme un supérieur et un maître, non comme un plus fort, mais comme un égal. (*Vifs applaudissements.*)

Toute morale veut un au-delà, un sacrifice à quelque idéal : à l'honneur, c'est-à-dire à la dignité de soi-même ; à la patrie, c'est-à-dire à la dignité de la nation, de la race dont on fait partie ; à la justice, c'est-à-dire à la dignité des autres hommes, nos associés et nos semblables.

La morale sociale est celle qui donne la justice sociale pour but à notre vie de chaque jour. L'homme social est celui qui, sentant tout ce qu'il doit à tous les autres, se déclare prêt, tous les jours de son existence, à acquitter sa dette envers tous,

Messieurs, ce réseau infini d'échanges équitables entre les hommes, que réalisera la Fédération qu'est la Mutualité française, qu'est-ce autre chose que la véritable société humaine, dans laquelle il n'y aura pas de révolte, parce que la conscience sera satisfaite ; dans laquelle il n'y aura pas de forces perdues, parce que toutes les valeurs individuelles y auront été sauvegardées dans la mesure du possible, et non seulement sauvegardées, mais développées et multipliées ; dans laquelle, enfin, l'individu se développera plus complètement lui-même, tandis que le groupe tout entier arrivera à son point le plus élevé d'accroissement pacifique ?

C'est bien cette société humaine véritable que vous avez, mutualistes français, voulu organiser entre vous. Puissent tous les citoyens de France, suivre votre exemple, s'associer à votre œuvre, ou tout au moins s'en inspirer. Puissent-ils, au spectacle des services que vous rendez, faire, avec vous et grâce à vous, leur éducation mutuelle, et vivre à leur tour de cette vie sociale que vous vivez, Messieurs, et qui, propagée par vos exemples, créera peu à peu, dans notre pays et dans le monde, la vie pacifique et consciente de l'humanité. (*Triple salve d'applaudissements. Longues acclamations et bravos prolongés.*)

DISCOURS DE M. LÉON BOURGEOIS

PRONONCÉ AU BANQUET MUTUALISTE DE SAINT-ÉTIENNE
LE 28 SEPTEMBRE 1902.

Mesdames, Messieurs,

C'est, vous le comprenez, avec une émotion véritable que je prends la parole à la fin de cette grande journée. Il est passé par nos esprits tant de pensées généreuses, dans nos cœurs tant de mouvements passionnés pour le bien qu'en vérité l'on serait sans excuse si l'on ne sortait pas d'ici meilleur. (*Très bien ! très bien !*)

Nous ne pouvons pas remercier personnellement tous ceux qui nous ont donné cette fête de la conscience. Je vous demande la permission, après tous les remerciements qui ont déjà été adressés aux uns et aux autres, de les réunir tous dans un élan de gratitude cordiale et fraternelle. (*Applaudissements.*)

Et d'abord à la ville de Saint-Etienne, à la démocratie stéphanoise, de laquelle sont sortis les mutualistes généreux et convaincus qui ont préparé et rendu possible l'œuvre que nous fondons aujourd'hui, à cette ville de travailleurs passionnés et patients, qui luttent dans des conditions particulièrement rudes et difficiles, qui souffrent plus peut-être que beaucoup d'autres sous le poids incessant du labeur nécessaire à la vie de chaque jour ; à tous ces travailleurs qui nous ont su témoigner aujourd'hui — vous l'avez lu sur leur visage — cette cordialité sincère et franche qui ne s'exprime pas par des manifestations bruyantes, mais par des regards émus, des serrements de mains chaleureux, montrant qu'ils comprennent et approuvent notre œuvre, et qu'ils savent que véritablement nous travaillons pour eux et comme eux pour le bien public. (*Applaudissements.*)

Je prie M. le maire de Saint-Etienne, qui nous a donné aujourd'hui au théâtre l'hospitalité de la ville, de reporter à la population tout entière l'expression de notre reconnaissance. (*Applaudissements prolongés.*)

A vous tous aussi, Messieurs les membres du Conseil général de la Loire, à vous, mon cher ancien collègue, président de cette assemblée, qui représentez ici la démocratie du département de la Loire, à mes collègues du Sénat et de la Chambre qui ont bien voulu venir fêter avec nous la mutualité ; aux membres du Conseil de votre Union stéphanoise, à l'Union départementale de la Loire et de la Haute-Loire, aux membres de la Fédération régionale, aux représentants des différentes Unions départementales ou régionales que nous avons entendus et applaudis tout à l'heure, à tous ceux, en un mot, qui par leurs bonnes volontés réunies, ont formé aujourd'hui ce faisceau qui ne se brisera plus. (*Vifs applaudissements.*)

Vous les avez vus se lever tout à l'heure, donnant déjà l'exemple de ce que sera la Fédération nationale, montrant l'identité de leur pensée, quels que fussent d'ailleurs leurs sentiments particuliers sur telle ou telle question technique ou pratique, quelle que fût, hier, et ce matin peut-être encore, leur opinion sur l'opportunité qu'il y avait à fonder dès maintenant la Fédération nationale. Du moment qu'ils ont compris qu'un élan, un grand mouvement était en voie de se produire et de se développer, ils ont été les premiers à dire : puisque les bonnes volontés sont prêtes, marchons et donnons, nous aussi, l'exemple !(*Applaudissements répétés.*)

J'ajouterai que non seulement dans le fond, mais même dans la forme de leur langage, vous avez déjà pu apercevoir ce que sera la mutualité nationale. Avez-vous remarqué comme les orateurs du Nord étaient chaleureux, comme leur éloquence abondait en images ensoleillées, comme ceux du Midi étaient graves, précis, sévères ? (*Rires et applaudissements.*)

Avez-vous remarqué comme toutes ces qualités, dont la diversité fait le charme de l'esprit français et de la France elle-même, se mêlaient avec une sorte de pénétration réciproque, dans l'esprit des mutualistes venus de tous les points de notre pays, montrant déjà l'harmonie qui naît des mutuels échanges, et qui sera la force de la Fédération nationale ? (*Nouveaux applaudissements.*)

On a parlé de fées, tout à l'heure, on a crié au miracle. On a eu bien raison, car nous avons vu cette chose extraordinaire qu'un enfant, venu au monde aujourd'hui — je parle de la Fédération régionale — était déjà d'âge à produire un nouvel enfant, la Fédération nationale. (*Rires.*)

Voyez quelle est la force créatrice de cette mutualité dont on vient de parler d'une façon si spirituelle, qui suit les lois de la gravitation, non pas comme on le disait à tort pour attirer les astres de première grandeur, mais pour apprendre aux atomes les plus éloignés à prendre leur place et leur mouvement dans l'orbite de l'astre central !

La mutualité a ce don secret que, dès qu'elle apparaît, dès qu'on prend conscience d'elle, ses bienfaits se manifestent aussitôt ; il suffit qu'elle soit, et déjà elle s'est emparée des esprits et des volontés. (*Applaudissements.*)

Des hommes se sont rencontrés en petit nombre — et Mabilleau a bien eu raison tout à l'heure de rendre justice à ceux qui, les premiers, ont ouvert péniblement le sillon, des hommes, dis-je, se sont rencontrés qui ont osé tenter de résoudre en commun les problèmes de la vie quotidienne, des hommes qui, en présence des difficultés et des dangers que présente la lutte contre la nature, au lieu de perdre, par l'isolement ou les divisions, le meilleur de leurs forces si nécessaires contre l'ennemi commun, ont su coordonner ces forces contre lui et les multiplier ainsi par l'association, par l'union, par la fraternité.

Ces hommes ont d'abord entrepris la lutte contre les risques immédiats, contre la maladie. C'était le premier secours qu'il fallait donner, celui qui s'imposait par sa nécessité pressante. Ils ont fait cette œuvre admirable du secours mutuel contre la maladie. Il ne faudra jamais oublier qu'elle est l'instrument nécessaire du soulagement des misères immédiates les plus cruelles, les plus touchantes, les plus déchirantes qu'on puisse voir. (*Vifs applaudissements.*)

Puis, considérant que, derrière ce premier mal il y en avait plus d'un autre, mais qu'ils étaient trop peu nombreux, trop dispersés, pour attaquer ces risques considérables, ils ont eu la pensée, réalisée par vous aujourd'hui, de mutualiser les sociétés mutuelles, de créer les *Unions* pour s'égaler aux difficultés de l'œuvre nouvelle. On a indiqué tantôt un certain nombre de ces œuvres des *Unions* ; il est d'autres tâches encore qu'elles vont pouvoir accomplir.

Remarquez déjà ceci : Il y a inégalité de répartition de la misère et du mal sur la surface d'un grand pays comme le nôtre. Il est facile peut-être, dans certains endroits, de créer des mutualités qui suffisent aux besoins particuliers d'une ville ou d'une région déterminée et limitée ; mais il y a, au contraire, d'autres régions de la France, d'autres cités où le nombre de ceux qui peinent est considérable et où il leur est plus difficile de s'associer pour parer à cette lourde misère.

Cette inégalité de répartition du mal sur la surface d'un grand pays ne démontre-t-elle pas la nécessité de fusionner les mutualités, de sorte que ceux qui peuvent faire quelque chose viennent en aide, non pas seulement dans une société de secours mutuels à tel homme qui souffre, mais entre sociétés de secours mutuels à telles sociétés qui ne peuvent se suffire. (*Applaudissements répétés.*)

C'est le premier problème. Il y en a d'autres, ceux des mutations, des mises en subsistance, etc., que vous ne résoudrez également que par une entente générale entre toutes les mutualités.

Je n'ai pas besoin d'insister, je suis moins que vous un praticien de la mutualité ; mais il me suffit d'être président d'une société de secours mutuels pour savoir combien de fois ces questions se présentent devant vous. (*Assentiment unanime.*)

Il y a une maladie terrible entre toutes, qui pèse actuellement sur notre pays d'un poids très lourd, c'est la tuberculose. J'en appelle ici à notre collègue du Nord, M. Roche, parce qu'il sait, plus que personne peut-être ici, quelle est la gravité du mal et qu'il a, grâce à l'Union du Nord, entrepris de le combattre.

La tuberculose croît aujourd'hui en France suivant une progression redoutable, alors que dans certains pays étrangers on la voit au contraire diminuer. Tandis que l'Allemagne a fait tomber de trente-deux à vingt-quatre sur 10.000 habitants le nombre des décès causés par la tuberculose, nous sommes actuellement en France à 44 décès pour 10.000 habitants. Quand je pense que, rien que dans les hôpitaux parisiens, on constate chaque année une augmentation de 900 à 1.000 malades de la tuberculose, qui viennent chercher vainement à l'hôpital la guérison ; quand je pense que 150.000 personnes par an meurent en France de la tuberculose, ce qui représente peut-être 500.000 malades attendant une guérison qui ne viendra pas (*Sensation*), je pense que ce ne sont pas les secours contre la maladie, comme les sociétés de secours mutuels ont pu en organiser jusqu'à présent, qui sauveront jamais les malheureux ainsi frappés, non seulement parce qu'elles ne secourent pas, mais parce qu'elles ne peuvent pas secourir les malades chroniques, parce que les phtisiques ne peuvent être soignés par vous que lorsqu'ils sont atteints d'accidents aigus, à la période avancée de la maladie, c'est-à-dire à l'heure où il est devenu impossible de rien faire pour eux. (*Mouvement prolongé.*)

Ce sont des malades qui ne peuvent être soignés que par la Prévoyance, par une prophylaxie qui aura saisi le malade avant que le mal ne soit chez lui trop profond. (*Vifs applaudissements répétés.*)

Vous savez bien que ce n'est pas dans son domicile, dans son étroit logis, où il n'a pas de soleil et pas d'air, où il ne trouve aucune des conditions d'hygiène et de salubrité qui lui seraient indispensables, que le tuberculeux, même au début de la maladie, pourra se soigner et guérir. Ce ne pourra être que dans un établissement spécial, où toutes les prescriptions médicales seront observées, où toutes les ressources sociales seront mises à la disposition du malade. (*Très bien ! très bien !*)

Ces établissements, qui ne peuvent être organisés qu'à grands frais, croyez-vous qu'une, que deux, que dix sociétés de secours mutuels peuvent suffire à les instituer ? Pouvez-vous prélever sur les faibles ressources que représente la cotisation de chacun de vos membres, ce qu'il faudrait pour créer la prévoyance contre la terrible maladie ?

Non ! cela n'est possible que par les Unions, par la Fédération. (*Vives marques d'approbation.*)

Et pourquoi ai-je cité cet exemple ? C'est que notre collègue, M. Roche, a précisément contribué, avec de généreux mutualistes, à la fondation d'un *sanatorium* contre la tuberculose dans la région du Nord et qu'il montre ainsi la voie dans laquelle, je l'espère, tous les mutualistes de ce pays voudront entrer après lui. (*Applaudissements répétés.*)

Vous trouverez peut-être, mes chers amis, cette diversion bien sévère et bien triste à la fin de notre banquet si gai jusqu'à présent. Que voulez-vous ? Les médecins ont l'habitude d'aller droit au mal ; ils ne se préoccupent pas de savoir si cela est laid ou triste à voir ; ils font leur devoir qui est de soigner et de guérir. (*Très bien ! très bien !*)

Que d'autres sujets encore on pourrait traiter dans ces réunions où les destinées futures de la Fédération seraient successivement étudiées, où les règles de son action seraient établies !

Je ne veux pas parler après Mabilleau de la question des retraites, je ne veux pas rechercher avec vous — je vais peut-être moins loin que lui dans ses prévisions optimistes — dans quelle mesure la mutualité pourra suffire à la résoudre ;

Je crois qu'elle ne le pourra pas complètement. Mais, comme je tiens essentiellement, pour mon compte, à ce que l'Etat ne détruise pas l'œuvre que les mutualistes ont entreprise, à ce qu'il ne vienne pas, en cherchant la solution du problème qui s'impose à la nation, détruire ce qui a déjà été fait par vous, ce que vous êtes en train de développer en ce moment par la libre initiative et la bonne volonté réciproque, — je viens vous dire : Hâtez-vous, vous tous qui voulez que le problème des retraites ouvrières soit résolu par l'action libre et l'initiative des bonnes volontés associées, hâtez-vous de vous associer vous-mêmes et de vous fédérer pour réunir les ressources suffisantes, si vous voulez porter votre part de ce redoutable fardeau !

La charge est si lourde que c'est une grande question de savoir comment les finances de l'Etat pourront y suffire.

Comment voudriez-vous que vos ressources locales, partielles, disséminées, isolées, pussent la supporter ? Vous ne pourrez le faire, même partiellement, qu'à la condition de former un bloc de l'ensemble de vos forces et, suivant la loi des grands nombres, en répartissant la charge sur un si grand nombre de cotisants et d'associés qu'elle soit supportée sans peine par la masse entière. (*Applaudissements.*)

Je vous demande pardon de retenir si longtemps votre attention (*Non ! non ! — Parlez !*),
mais depuis ce matin, depuis que j'ai aperçu tous
ces horizons ouverts devant nous, que j'ai vu naître cette Fédération, dont, il y a quelques jours
encore, nous portions le rêve dans nos esprits sans
espérer qu'il se réaliserait si vite, n'est-il pas na-
turel que nous nous pressions autour de cette
image, que nous cherchions à en deviner les traits
et que nous désirions savoir tout ce que contient
ce mot plein de promesses, mais qui n'est encore
aujourd'hui qu'un mot dont il faut faire demain
une féconde réalité. (*Nouveaux applaudissements
et bravos.*)

Et alors, marchant toujours, montant plus haut
vers les sommets, apercevant le bien qui, par votre association, se répandra peu à peu sur la
France, je prétends que le dernier mot ne sera
pas dit par la Fédération des mutualités, car vous
n'êtes pas, vous, sociétés de secours mutuels, les
seules formes d'associations bienfaisantes et fra-
ternelles dans ce pays.

Il y a, à côté des sociétés de secours mutuels
proprement dites, d'autres associations de noms
divers, des coopératives de production, de con-
sommation, de crédit, des syndicats profession-
nels qui, au fond, ne sont pas autre chose, croyez-
le bien, que des essais de groupement des bonnes

volontés libres, en vue d'un bien commun à tous.

Il faut qu'entre les sociétés de secours mutuels fédérées et ces autres grandes associations où se cherchent et se mêlent également des bonnes volontés de travailleurs, — car beaucoup d'entre vous font partie à la fois de plusieurs de ces sociétés, — il faut qu'il se fasse entre les unes et les autres un groupement supérieur qui embrasse toute la fraternité sociale et unisse ses efforts contre tous les risques, organise toutes les associations de bien contre toutes les puissances du mal ! (*Vifs applaudissements.*)

Il faut, en d'autres termes, que contre l'association des égoïsmes qui, par le même fait du progrès de la science, par le fait des conditions particulières de la production économique, devient chaque jour plus redoutable dans le monde, contre ces associations qu'on appelle des *trusts* en Amérique, des *cartels* en Allemagne, en un mot contre les associations pour le gain, il y ait des associations pour le mutuel sacrifice. (*Double salve d'applaudissements.*)

Ces associations, c'est vous qui les représentez les premiers, parce que c'est vous qui avez mis le plus de désintéressement dans l'œuvre commune que vous avez fondée. Mais il ne faut pas oublier qu'il y en a d'autres qui, cherchant le bien commun de leurs membres, cherchent par là même le bien supérieur ; ce sont tous ces groupements dont je parlais tout à l'heure.

Ce que je voudrais, c'est que, élevant notre pensée vers le bien social dans son ensemble au moment où nous venons de fonder la Fédération des sociétés de secours mutuels proprement dites, nous levions nos verres à la Fédération plus générale encore de toutes les associations des bonnes volontés pour la fraternité et pour la paix sociale ! (*Triple salve d'applaudissements. — Bravos prolongés et cris nombreux de : Vive Bourgeois !*)

Imp. J. Thevenot, Saint-Dizier (Hte-Marne).